BEI GRIN MACHT SICH IHR WISSEN BEZAHLT

Bibliografische Information der Deutschen Nationalbibliothek:

Die Deutsche Bibliothek verzeichnet diese Publikation in der Deutschen National-
bibliografie; detaillierte bibliografische Daten sind im Internet über http://dnb.d-
nb.de/ abrufbar.

Impressum:

Copyright © 2012 GRIN Verlag, Open Publishing GmbH
Druck und Bindung: Books on Demand GmbH, Norderstedt Germany
ISBN: 9783668247970

Dieses Buch bei GRIN:

http://www.grin.com/de/e-book/334986/was-ist-ein-autor-theorien-der-gegenwarts-
literatur-von-foucault-bis-barthes

Anonym

Was ist ein Autor? Theorien der Gegenwartsliteratur von Foucault bis Barthes

GRIN Verlag

GRIN - Your knowledge has value

Der GRIN Verlag publiziert seit 1998 wissenschaftliche Arbeiten von Studenten, Hochschullehrern und anderen Akademikern als eBook und gedrucktes Buch. Die Verlagswebsite www.grin.com ist die ideale Plattform zur Veröffentlichung von Hausarbeiten, Abschlussarbeiten, wissenschaftlichen Aufsätzen, Dissertationen und Fachbüchern.

Besuchen Sie uns im Internet:

http://www.grin.com/

http://www.facebook.com/grincom

http://www.twitter.com/grin_com

Wer schreibt erzählt sich selbst:
Workshop zur Psychoanalyse und Literatur

Referatsausarbeitung

Thema: Was ist ein Autor? Theorien der Gegenwartsliteratur

Abgabetermin: 31.03.2012
Bearbeitungszeit: zwei Monate

Inhaltsverzeichnis

Einleitung

Betrachtet man einmal die Geschichte der Begriffsentwicklung des Autornamens, so wird man feststellen, dass in jeder literarischen Epoche eine andere Semiologie hinter diesem Begriff steht. Von der Antike bis zum späten Mittelalter wurde dem Autor von Werken keinerlei größere Beachtung geschenkt, erst mit der Genieästhetik des Sturm und Drangs entwickelte sich eine neue Auffassung des Autorkonzepts, so wie wir ihn heute kennen. Somit entstand die Hochburg des idealisierten Autorbegriffs. Seit den 1960er herrscht die Kritik an der Verabsolution des Autors, was besonders durch Roland Barthes und Michel Foucault angefochten wurde.

„Wen kümmert's, wer spricht?" – Diese Formulierung bildet den Ausgangspunkt über die postmoderne Debatte des Autorbegriffs nach Foucault. Zusammen mit Barthes Arbeit gehört dieser Vortrag „Was ist ein Autor?" zu den kanonischen Texten in der Diskussion über Autor und Subjekt in der Kulturwissenschaft.

In dieser Ausarbeitung stehen die zentralen Thesen Foucaults im Vordergrund, da dieser den Begriff des Autors explizit definiert, auf die historische und soziokulturelle Entwicklung eingeht und dessen Problematik thematisiert.

1   Die Strukturalistische Tätigkeit

Erstmals erschien Barthes´ Aufsatz über den Strukturalismus in der Zeitschrift „Das Kursbuch" und diente dazu, diesen näher zu definieren.

Nach Barthes sei der Strukturalismus keine methodische Schule, sondern eine Tätigkeit oder ein Verfahren. Dieses strukturalistische Verfahren ist nicht nur in der Analyse von künstlerischen Produktionen zu sehen, sondern auch in sich selbst. Es besitzt die Eigenschaft des Prozesshaften und stellt eine Auseinandersetzung mit der Realität dar. So wird der strukturale Mensch durch seine Imagination, bzw. die Art, wie er Strukturen geistig erlebt, definiert. Das Ziel des strukturalistischen Verfahrens ist es, ein Objekt so zu rekonstruieren, dass dessen Strukturen und Funktionen sichtbar werden. Das Ergebnis nennt Barthes dann „Simulacrum". Das Simulacrum ist nicht nur das Abbild eines Werkes, sondern auch etwas Individuelles.

Die Technik, die dem Strukturalismus zugrunde liegt, ist die des „zerlegen" und „arrangieren". Dabei wird das betreffende Objekt erst zerlegt und dann wieder zusammengesetzt. Die Zerlegung bringt bedeutungslose Fragmente zum Vorschein, deren Differenz untereinander Bedeutung erzeugen, wohin gegen das Arrangieren, den gesetzten Einheiten bestimmte Assoziationsregeln zuweist. Dadurch entsteht eine Klasse von Objekten, die sich durch ihre Abgrenzung von anderen Objekten unterscheiden. Diese Klassifikation besteht nun aus Gemeinsamkeiten und Unterschiede, welche das Ziel haben eine allgemeine Gültigkeit zu definieren. Nach Barthes sei dabei der bedeutungsstiftende Mensch (Homo significans), also die Produktion, von Bedeutung ohne die der Mensch nicht menschlich wäre, von Interesse.

Zusammenfassend lässt sich sagen, dass die Bedeutung des Strukturalismus in der Verarbeitung eines Objektes liegt. Die Erkenntnis wäre demnach möglich, wenn das strukturalistische Verfahren korrekt angewandt wurde und am Ende das evident gewordene Objekt steht.

1.1 Der Tod des Autors

In dem Aufsatz „Der Tod des Autors" beschäftigt sich Barthes mit dem Verhältnis zwischen Werk und Autor, und versucht die Theorien der zeitgenössischen Schulen zu widerlegen, dass es keine „Korrespondenz zwischen Autorbiographie und Werkbedeutung"[1] gibt.

Nach Barthes ist der Autor eine moderne Figur, welche erfunden sei, um den Wert des Individuums zu entdecken. Es ist die Sprache, die in einem Werk spricht, und nicht der Autor, daher sollte die Priorität dem Werk selbst zugesprochen werden, damit der Autor völlig verschwindet. In der Linguistik ist der Autor nur derjenige der schreibt, d.h. er ist in der Performanz. Daher kennt die Sprache ein Subjekt, aber keine Person. Daraus lässt sich schließen, dass der Autor sich nur an dem Pool der Sprache bedient, sie jedoch nicht selbst neu erschafft, wenn er ein Werk schreibt. Er zeichnet nur ein Feld, dessen Ursprung die Sprache selbst ist. An dieser Stelle schreibt Barthes dem Leser nun eine besondere Rolle zu nämlich, dass die Werkschaffung nicht beim Autor obliegt sondern beim Leser selbst. In ihm trifft die Vielfalt des Textes zusammen.

Der Leser ist ein Mensch, ohne Geschichte, Psychologie oder Biographie, sondern nur der, in dem sich der Text vereinigt.

Sobald sich dieser Prozess vollzogen hat, verliert die Stimme des Werkes ihren Ursprung und die Geburt des Lesers erfordert den Tod des Autors.

---

[1] Barthes, Roland: Der Tod des Autors. In: Texte zur Theorie der Autorschaft. S. 181.

2 Was ist ein Autor?

In dem Vortrag „Was ist ein Autor?" beschäftigt sich Foucault nicht nur mit dem Verhältnis zwischen Werk und Autor, sondern erläutert darüber hinaus die Bedeutung des Autors in den verschiedenen Diskursen und dessen Wirkung auf die heutige Kultur.

Der Begriff „Autor" ist nach Foucault der „Angelpunkt für die Individualisierung in der Geistes-, Ideen- und Literaturgeschichte"[2]. Das heißt, würde man die Geschichte von Werk und Autor mit beispielsweise der Geschichte der Gattungsbegriffe vergleichen, erschiene letztere eher zweitrangig und schwach. Der heutigen Gleichgültigkeit gegenüber dem Thema „Wen kümmert's, wer spricht!" liegt ein gewisser ethischer Wert zugrunde. Mit „ethisch" meint Foucault eine Art Grundregel, welche besagt, dass Schreiben eine Praxis oder Tätigkeit sei[3]. Diese Tätigkeit teilt Foucault in zwei Bereiche ein. Zum einen sei das Schreiben eine Art selbst entwickelte Äußerlichkeit, d.h. diese Schreibregularität überschreitet die eigenen Grenzen oder kehrt diese um, mit dem Ziel der Öffnung eines Raumes, in dem der Autor verschwindet. Auf der anderen Seite würde das Schreiben eine Verwandtschaft zum Tod besitzen. Dies führt auf ein jahrtausendaltes Thema zurück, dass das Bild der griechischen Mythologie verfolgt: „[...] wenn der Held zustimmte, jung zu sterben, so geschah dies, damit sein geweihtes und durch den Tod erhöhtes Leben in die Unsterblichkeit eingehen konnte [...]"[4]. Dieses Beispiel zeigt Foucault auch anhand *der Tausendundeine Nacht* Märchen, bei denen die Motivation des Erzählens bis zum nächsten Morgen, die Verzögerung des Todes war.

Diese Tendenz zur Metamorphose berechtigt das Werk seinen Autor zu töten. Die Grenzen des schreibenden Subjekts sind verwischt und nicht mehr nachvollziehbar, da das schreibende Subjekt Hindernisse zwischen sich und dem was es schreibt schafft. Es kommt zu einer Ablenkung aller Individualität mit der

---

[2] Z. Foucault, Michel: Was ist ein Autor? In: Texte zur Literaturtheorie der Gegenwart. S.233.
[3] Vgl. ebd. S.233
[4] Z. Foucault, Michel: Was ist ein Autor? S.234.

Folge, dass die verbleibende Handschrift des schreibenden Subjekts nur noch in der „Einmaligkeit seiner Abwesenheit"[5] liegt.

Eine weitere Konsequenz aus dieser Metamorphose ist, dass die Synonyme die dann für den Begriff des Autors eingesetzt werden, das was diesem zugrunde liegt blockieren oder umgehen.

2.1 Werk & Autor

Foucault ist der Meinung, dass die Kritik nicht die Beziehung zwischen Werk und Autor aufdecken oder rekonstruieren solle, sondern die Kritik diene der Strukturanalyse von Werken. Dabei solle man sich mehr auf die Wechselbeziehungen innerhalb eines Werkes oder mit dem Aufbau eines Textes beschäftigen, ganz im Sinne der strukturalistischen Tätigkeit nach Barthes. Daraus resultiert, dass man sich automatisch mit der Frage „Was ist ein Werk?" auseinandersetzen muss.

Auf die Frage, ob die Aussagen eines Individuums mit Namen Autor auch wirklich „Werk" zu bezeichnen wären, gibt Foucault eine Lösung an nämlich, dass die durch die Abwesenheit des Autors frei gewordenen Stellen ausfindig und sichtbar gemacht werden sollten.

2.2 Autorrolle und Eigennamen

Ein weiterer Punkt in Foucaults Vortrag ist, die Problematik des Gebrauchs eines Autornamens. Allgemein würde der Autorname dem Eigenenamen in seiner hinweisenden Funktion gleichen. Der signifikante Unterschied würde jedoch darin liegen, dass der Eigenname nicht als Verweis dienen könne: „Es ist offenbar nicht möglich, aus dem Eigennamen einfach einen Verweis zu machen. Der Eigenname (und der Autorname ebenso) haben nicht nur hinweisende Funktionen. Er ist mehr als ein Hinweis, eine Geste ein Fingerzeig; in gewisser Weise ist er das Äquivalent für eine Beschreibung"[6]. Dies verdeutlicht er anhand eines Beispiels nämlich, wenn Shakespeare nicht in dem Haus geboren wäre, dass

---

[5] Z. Foucault, Michel: Was ist ein Autor? S.234
[6] Z. Foucault, Michel: Was ist ein Autor? S.237

man als Shakespeare Haus besucht, so würde dies keinen negativen Einfluss auf den Autornamen haben. Würde man jedoch feststellen, dass Shakespeare nicht die Sonette geschrieben hätte, die man für seine hält, so wäre das eine große Veränderung für eine ganze Gattung. Daraus erschließt Foucault die Folge, dass der Autorname in seiner spezifischen Funktion nicht dem Eigennamen gleicht. Und dies wiederrum hieße für den Diskurs, dass es in der heutigen Kultur Diskurse gibt, die eine bestimmte Autorfunktion haben und andere nicht. Daraus folgert Foucault, dass die Funktion des Autors typisch sei für die Funktionsweisen bestimmter Diskurse: „Ein Privatbrief kann einen Schreiber haben, er hat aber keinen Autor; ein Vertrag kann wohl einen Bürgen haben, aber keinen Autor"[7].

2.3   Autorfunktion im Diskurs

„Wie bestimmt sich in unserer Kultur ein Diskurs, der Träger der Funktion Autor ist?"[8] lautet eine weitere Frage, mit der sich Foucault explizit der Autorfunktion widmet. Dabei gibt er vier verschiedene Merkmale zur Erkennung eines Autors an.

Das erste Merkmal der Autorfunktion hat eine Bindung an das Staats- und Rechtssystem. Heute ist das Eigentumsrecht gesetzlich festgelegt, früher jedoch war die „Rede" kein Produkt, sondern ein Akt, der in der „Bipolarität des Heiligen"[9] seinen Platz hatte. Historisch gesehen war die Rede etwas gefährliches, bevor sie zur Literatur mit eigenem Imperativ wurde.

Im Gegensatz dazu besteht das zweite Merkmal der Autorfunktion aus der unregelmäßigen Wirkung auf alle Diskurse in allen Formen der Kunst. Das heißt, dass die Funktion des eigenen Imperativs nicht für alle Diskurse gilt. Foucault geht hierbei auf die Zeit ein, in der Texte keiner Zuschreibung bedurften. Damals wurden diese in ihrer einfachen Form aufgenommen, bewertet und analysiert ohne, dass sich jemand die Autorfrage stellte. Diese Anonymität bereitete

---

[7] Z. Foucault, Michel: Was ist ein Autor? S.238
[8] Z. Foucault, Michel: Was ist ein Autor? S.238
[9] Z. ebd. S.238

keine Probleme, denn das vermutete oder echte Alter eines Textes reichte als Garantie.

Das dritte Merkmal der Autorfunktion liegt in den spezifischen Operationen, da es keine Definition durch spontane Zuschreibung gibt. Nach Foucault sei der Autor ein Vernunftwesen mit realistischen Status. Das heißt, dass gewisse Geschehnisse und Transformationen durch den Autor erklärt werden können, indem man seine Autobiographie beispielsweise heranzieht und nach individuellen Sichtweisen sucht. Unter dieser Funktion meint der Autor auch, dass sich gewisse Widersprüche lösen, da sich an einem gewissen Punkt seines Denkens klare Linien zeigen.

Ein weiteres Merkmal der Autorfunktion ist, dass es keinen Verweis mehr auf ein reales Individuum gibt, sondern auf mehrere Egos. Der Autor ist nicht nur eine Rekonstruktion, sondern auch Zeichenträger seines Textes, welche auf ihn verweisen. Foucault benutzt dabei den Begriff der „Ego-Pluralitäten"[10]. Romane, die aussehen wie Berichte eines Erzählers sind keine Hinweise für Ort und Zeit des Schreibenden, sondern Hinweis für ein „alter Ego", bei dem die Distanzen zwischen Werk und Autor unterschiedlich groß sind. Die Folge daraus ist, dass der Autor nicht der wirkliche Schriftsteller oder fiktionale Sprecher ist, sondern die Funktion des Autors vollzieht sich in dem Bruch oder dieser Distanz. Fazit ist, dass alle Diskurse mit Autorfunktion diese „Ego-Pluralitäten" beinhalten.

2.4   Theorie einer Disziplin

Foucaults Vortrag „Was ist ein Autor?" endet mit einer Erörterung über den Begriff des Autors in allgemeinen Diskursen. Er stellt fest, dass es in der Ordnung dieser nicht nur Autoren eines Buches gibt, sondern auch solche einer Theorie oder Disziplin. Diese Autoren befinden sich dann in einer „transdiskursiven Position": „Sie haben Raum gegeben für etwas anderes als sie selbst, das jedoch zu dem gehört, was sie begründet"[11]. Der Unterschied zwischen der Begründung einer Diskursivität und der Begründung einer Wissenschaftlichkeit liegt in der Errichtung der Diskursivität, da diese selbst nicht Teil ihrer späteren Trans-

---

[10] Z. Foucault, Michel: Was ist ein Autor? S.241
[11] Z. Foucault, Michel: Was ist ein Autor? S.243

formation ist. Sie hebt sich von den anderen ab. Die Werke des Begründers einer Diskursivität werden zu Primärkoordinaten, an der die theoretische Gültigkeit von Aussagen aus dem Feld des Diskurses gemessen wird, wohin gegen die Gültigkeit der Aussagen von Galilei beispielsweise an der Physik und ihrer inneren Struktur und Normativität gemessen wird. Das heißt, dass die Rückkehr zum Text des Gründers eine effektive und notwendige Transformation der Diskursivität selbst ist. Durch diese Formen der Rückkehr erhalten die diskursiven Felder eine Beziehung zu ihrem fundamentalen und mittelbaren Autor. Die Weiterführung dieser Analyse würde dann zu einer Diskurstypologie führen, bei der man auf der einen Seite die besonderen diskursiven Eigenschaften untersuchen würde, um auf gewisse Regeln und Gesetze zu stoßen, die dann den Bezug oder nicht-Bezug auf den Autor nachzeichnen. Oder auf der anderen Seite würde dies zu einem Einstieg in die historische Analyse führen, bei der man feststellen würde, dass die Diskurse mit jeder Kultur variieren und sich durch diese verändern.

Foucault kommt zu dem Schluss, dass es nicht unvermeidlich scheint, dass die Autorfunktion in ihrer Form konstant bliebe, jedoch eine Kultur vorstellbar sei, in der Diskurse ohne Autor-Funktion zirkulieren und rezipiert werden würden. Dann würde gelten: Was liegt daran wer spricht?

3 Fazit

Zusammenfassend lässt sich sagen, dass Foucault sich in seinem Text „Was ist ein Autor?" gegen die literaturwissenschaftliche Auffassung eines Autors als Subjekt, der das Werk hervorbringt wendet. Für ihn ist der Autorbegriff noch vorhanden, da Diskurse die Autorfunktion bestimmen würden, diese jedoch keinen konkreten Kontakt zum Text aufweisen. Foucaults Fokus liegt mehr in der Thematisierung der Autorfunktion hinsichtlich seiner Veränderung durch Geschichte und Kontext.

Literaturverzeichnis

1. Sammelwerke: Barthes, Roland: Der Tod des Autors. In: Texte zur Theorie der Autorschaft. Jannidis, Fotis (Hrsg.). Stuttgart (2000).
2. Barthes, Roland: Die strukturalistische Tätigkeit. In: Texte zur Literaturtheorie der Gegenwart. Dorothee Kimmich (Hrsg.). Ditzingen (1996).
3. Foucault, Michel: Was ist ein Autor? In: Texte zur Literaturtheorie der Gegenwart. Dorothee Kimmich (Hrsg.) Ditzingen (1996).